Margot & Lea Käßmann

Fünf-Minuten-

Gute-Nacht-Geschichten

vom lieben Gott

Mit Illustrationen von Melanie Brockamp

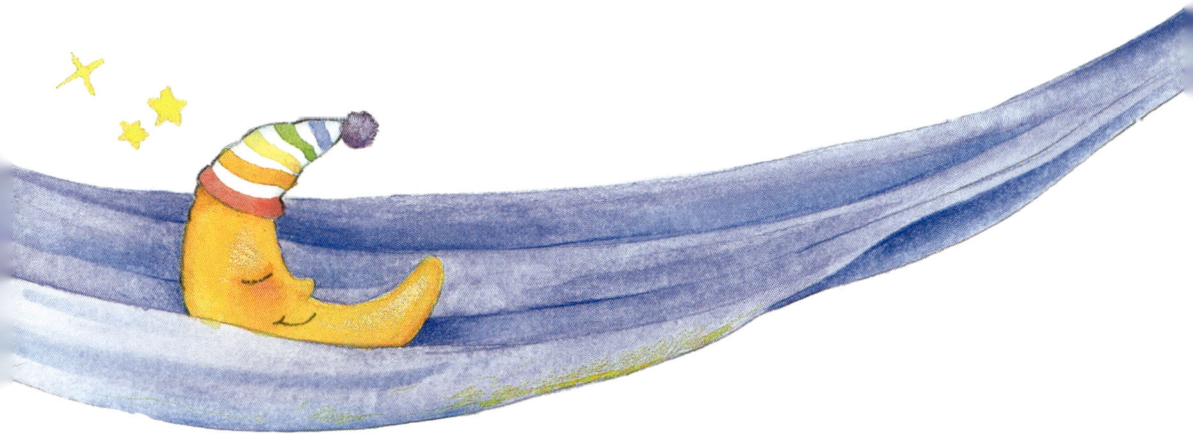

Inhalt

Vorwort 6

Einschlafrituale 8

Gute-Nacht-Lieder 11

Der Mond ist aufgegangen 12

Weißt du, wie viel Sternlein stehen 14

Gute-Nacht-Gebete 17

Müde bin ich, geh zur Ruh 18

Vaterunser 19

Gute-Nacht-Geschichten und -Gedichte 21
Opas Garten 23
Ein Schutzengel für Ben 28
Das kleine Schäfchen 34
Von oben betrachtet 40
Wind und Wellen 46
Mein Name 50
Unser Geheimplatz 53
Das merkt doch keiner! 59
Papas Geburtstag 64
Ganz allein meins 67
Paula und der Unfall 70
So weiß wie Schnee 73

Vorwort

Kinder abends zu Bett zu bringen ist für alle Eltern ein besonderer Moment. Zwischen Aufgedrehtsein und Müdigkeit ist es nicht immer leicht, den richtigen Moment für das Schlafengehen zu finden. Gerade deshalb finden wir es schön, diese Abendzeit bewusst zu gestalten. Dafür schlagen wir ein kleines Ritual vor und haben in diesem Buch dazu passende Lieder, Gedichte, Gebete und Segensworte sowie vor allem Geschichten zusammengestellt. Die Geschichten greifen Alltagssituationen auf und verbinden sie mit biblischen Themen. Mal ist das ausdrücklich der Fall, etwa wenn erzählt wird, wie Jesus Kinder segnete. Mal deutet sich das Thema von selbst an, etwa wenn es um teilen, helfen oder trösten geht.

Uns war wichtig, in den Geschichten Themen aufzugreifen, die Kinder in ihrem Alltag beschäftigen. Es sind Texte, die vielleicht auch Anlass geben können, selbst vor dem Schlafen noch einmal zu besprechen, was am Tag erlebt wurde. Dabei handelt es sich um eine Auswahl, die auch anregen kann, eigene Geschichten zu erfinden.

Uns jedenfalls hat es viel Freude gemacht zu überlegen, was wir erzählen wollen. Wir haben mal Väter, mal Mütter, mal Großeltern zu Wort kommen lassen. Mal spielen die Geschichten unter Freunden, mal unter Geschwistern, mal unter Tieren. Die Namen der Kinder sind geläufig, auch die Familiensituationen. Es geht uns weniger um das Außergewöhnliche als um das Alltägliche.
So hoffen wir, unser Buch kann dazu anregen, das Zubettgehen bewusst zu gestalten, vorzulesen, miteinander zu reden, zu singen und zu beten in guter Tradition.

Margot und Lea Käßmann

Einschlafrituale

„Nein, ich will noch nicht!“ Wenn es für Kinder Zeit ist, ins Bett zu gehen, heißt das noch lange nicht, dass sie auch schlafen wollen. Meistens würden sie lieber noch eine Runde mit der Eisenbahn spielen, die Puppe füttern oder mit den Bauklötzen einen Turm bauen. Ein guter Anreiz, die ungeliebte Abendroutine im Bad möglichst ohne viel Gegenwind zu gestalten, ist es, wenn die Kinder wissen, dass sie anschließend noch etwas Schönes erwartet: ein Abendritual, auf das sie sich freuen können, ein gutes Zusammensein mit ihrer Mama oder ihrem Papa, das sie nach einem erlebnisreichen Tag zur Ruhe kommen lässt.

Dafür tut es gut, einen gemütlichen Ort – wie das Kinderbett oder die Sofaecke – aufzusuchen und eine ruhige Atmosphäre zu schaffen. Es ist zum Beispiel schön, eine kleine Lampe mit warmem Licht anzumachen, vielleicht sogar eine Kerze anzuzünden. Dadurch wird ganz bewusst eine besondere Phase des Tages eingeleitet und eine entspannte Stimmung geschaffen. Gemeinsam kann dann ein Buch aufgeschlagen werden. Eine Gute-Nacht-Geschichte regt nicht nur die Fantasie an, sondern führt das Kind auch weg vom Trubel des Tages.

Alternativ kann ein Gute-Nacht-Gedicht vorgelesen werden. Der gleichmäßige Rhythmus der kurzen Verse und die eingängigen Reime helfen dabei, sich zu entspannen.
Die gelesene Geschichte kann Anlass sein, anschließend gemeinsam den Tag Revue passieren zu lassen. Fragen Sie als Eltern Ihr Kind, was es heute alles erlebt hat, dann kann es erzählen, was es bewegt. Vielleicht gibt es noch Bedarf, über das eine oder andere zu sprechen – wenn etwas besonders aufregend, schön, traurig oder auch irritierend war.
Ein gemeinsam gesungenes Lied ist eine schöne Möglichkeit, das Ritual zu erweitern. Singen macht glücklich, und Kinder lieben es! Lieder wie „Der Mond ist aufgegangen" oder „Weißt du, wie viel Sternlein stehen" stimmen auf die Nacht ein. In den Versen eröffnet sich eine eigene Welt. Die Natur- und Gottesbilder, die hier gezeichnet werden, betten das eigene Leben in etwas Größeres ein.
Mit einem gemeinsam gesprochenen Gebet kann der Tag in Gottes Hand zurückgegeben werden. Gebete wie „Müde bin ich, geh zur Ruh" oder das „Vaterunser" drücken aus, dass wir Menschen bei Gott geborgen sind und dass Gott auf uns alle achtgibt.

Diese Zuwendung durch Gott, von dem die Bibel als Vater und Mutter spricht, wird für das Kind durch die Zuwendung der Eltern konkret, wenn sie ihr Kind zudecken, es umarmen, ihm einen Kuss geben, kurz: ihm auch körperlich Geborgenheit und Liebe schenken.

Ein abendliches Ritual kann Kindern, gerade durch die kontinuierliche Wiederholung, Sicherheit geben und beim Einschlafen helfen. Es ist ein passender Abschluss für einen farbenreichen Tag, der dem Kind hilft, innerlich loszulassen und sich auf die Stille der Nacht vorzubereiten.

Gute-Nacht-Lieder

Der Mond ist aufgegangen

2. Wie ist die Welt so stille
und in der Dämmrung Hülle
so traulich und so hold,
als eine stille Kammer,
wo ihr des Tages Jammer
verschlafen und vergessen sollt!

3. Seht ihr den Mond dort stehen?
Er ist nur halb zu sehen,
und ist doch rund und schön!
So sind wohl manche Sachen,
die wir getrost verlachen,
weil unsre Augen sie nicht sehen.

4. Wir stolze Menschenkinder
sind eitel arme Sünder
und wissen gar nicht viel;
wir spinnen Luftgespinste
und suchen viele Künste
und kommen weiter von dem Ziel.

5. Gott, lass dein Heil uns schauen,
auf nichts Vergänglichs trauen,
nicht Eitelkeit uns freun;
lass uns einfältig werden
und vor dir hier auf Erden
wie Kinder fromm und fröhlich sein!

6. Wollst endlich sonder Grämen
aus dieser Welt uns nehmen
durch einen sanften Tod!
Und, wenn du uns genommen,
lass uns in Himmel kommen,
Du unser Herr und unser Gott!

7. So legt euch denn ihr Schwestern/Brüder
in Gottes Namen nieder.
Kalt ist der Abendhauch.
Verschon uns, Gott, mit Strafen
und lass uns ruhig schlafen
und unsern kranken Nachbarn auch.

Text: Matthias Claudius (1740–1815) · Melodie: Johann Abraham Peter Schulz (1747–1800)

Weißt du wieviel Sternlein stehen

2. Weißt du, wie viel Mücklein spielen
in der heißen Sonnenglut?
Wie viel Fischlein auch sich kühlen
in der hellen Wasserflut?
Gott der Herr rief sie mit Namen,
dass sie all ins Leben kamen,
dass sie nun fröhlich sind.

3. Weißt du, wie viel Kinder frühe
stehn aus ihren Bettlein auf,
dass sie ohne Sorg' und Mühe
fröhlich sind im Tageslauf?
Gott im Himmel hat an allen
seine Lust, sein Wohlgefallen,
kennt auch dich und hat dich lieb.

Text: Wilhelm Hey (1789–1854) · Melodie: Volksweise seit 1809

Gute-Nacht-Gebete

Müde bin ich, geh zur Ruh.
Schließe beide Augen zu.
Vater, lass die Augen dein
Über meinem Bette sein.

Alle, die mir sind verwandt,
Gott, lass ruhn in deiner Hand.
Alle Menschen, groß und klein,
Sollen dir befohlen sein.

Kranken Herzen sende Ruh,
Müde Augen schließe zu,
Gott im Himmel, halte Wacht,
Gib uns eine gute Nacht.

Luise Hensel (1798–1876)

Das Vaterunser ist das bekannteste Gebet der Christenheit, es soll auf Jesus selbst zurückgehen.
In zwei Evangelien ist überliefert, wie Jesus seine Jünger damit gelehrt hat zu beten. Das Vaterunser verbindet die Christen weltweit.
Wir haben erlebt, dass Kinder es gern beten und sich daran freuen, ja stolz sind, wenn sie es im Gottesdienst mitsprechen können.

Vater unser im Himmel,
geheiligt werde dein Name.
Dein Reich komme.
Dein Wille geschehe,
wie im Himmel, so auf Erden.
Unser tägliches Brot gib uns heute.
Und vergib uns unsere Schuld,
wie auch wir vergeben unsern Schuldigern.
Und führe uns nicht in Versuchung,
sondern erlöse uns von dem Bösen.
Denn dein ist das Reich
und die Kraft und die Herrlichkeit
in Ewigkeit. Amen.

Matthäusevangelium 6,9–13

Gute-Nacht-
Geschichten & -Gedichte

Opas Garten

„Wollen wir heute Nachmittag zusammen spielen?", fragte Aaron seinen Freund Elyas. Er hatte ein neues Matchboxauto bekommen und Lust, es mit den anderen Autos zusammen in seinem Zimmer herumbrausen zu lassen.
„Heute geht es nicht", sagte Elyas. „Ich muss meinem Opa im Garten helfen!"

„Oh nee, wie blöd", seufzte Aaron. Er hasste „helfen". Mama sagte immer: „Hilf mir mal, den Tisch abzuräumen!" Und: „Hilfst du mal beim Ausräumen der Spülmaschine?" Oder sie wollte, dass er ihr half, im Auto heruntergefallene Papierchen und anderes Zeug vom Boden aufzuheben. Helfen ist einfach doof, da wirst du gezwungen, etwas zu machen, wozu du keine Lust hast, fand Aaron.
Komischerweise meinte Elyas: „Ich finde, das macht Spaß! Ich freu mich drauf. Komm doch einfach mit in Opas Schrebergarten."
Aaron überlegte: den Nachmittag allein zu Hause spielen oder mit Elyas in den Garten gehen? Na gut, warum nicht!? Aber so richtig Lust hatte er eigentlich nicht.

„Elyas", sagte der Opa, als sie ankamen. „Wie schön, dass du da bist. Und einen Freund hast du auch noch mitgebracht. Wie gut! Zusammen arbeitet es sich doch gleich leichter!" Im Garten mussten sie dann erst einmal bei den Möhren Sprösslinge versetzen. Die hatte Elyas' Opa gesät.

Nun mussten die kleinen Sprösslinge herausgezogen und mit etwas Abstand neu eingegraben werden, damit sie Platz haben und gut wachsen können. Opa zeigte ihnen, wie es geht. „Verziehen“ nannte er das!
Danach mussten sie die Rosen gießen. Puh, das war eine Schlepperei mit den großen Gießkannen. Manchmal schwappte etwas Wasser über, und Elyas und Aaron spritzten sich gegenseitig nass. Schließlich sollten sie Erdbeeren pflücken. Dazu mussten sie gucken, welche schon reif waren. Es waren ziemlich lange Reihen. Die beiden Freunde naschten zwischendurch von den süßen Beeren. Waren die lecker! Der Opa hackte währenddessen die Erde in einigen Beeten locker und setzte dann lange Stäbe ein, an denen die Bohnen hochranken können.

Auf einmal sagte Opa: „So, wir müssen Schluss machen. Ich hab versprochen, dass ihr beide zum Abendbrot zu Hause seid!“ Elyas und Aaron waren ganz verschwitzt, ihre Hände waren total dreckig, und der Rücken tat ihnen weh.

Als Aaron zu Hause ankam, lachte die Mutter: „Wie siehst du denn aus?“ Aaron musste unter die Dusche und zog anschließend gleich den Schlafanzug an, auch wenn es dafür eigentlich noch zu früh war. Er war hungrig und müde.

Abends im Bett dachte er: „Das hat wirklich Spaß gemacht, Elyas hatte recht!“ Und Elyas' Opa hatte sich richtig gefreut, dass sie ihm geholfen hatten. Er war ja schon ziemlich alt, und für ihn war die Gartenarbeit allein sicher ziemlich anstrengend.

Es ist bestimmt gar nicht so einfach, dachte Aaron, wenn du andere um Hilfe bitten musst, weil du etwas allein nicht schaffen kannst. Und es ist ein richtig schönes Gefühl, anderen zu helfen.

Noch schöner ist es, wenn andere dich gar nicht darum bitten müssen. Garantiert würde sich Mama riesig freuen, wenn er mal ganz von sich aus den Tisch deckte. Ja, das wollte er gleich morgen früh machen. Er freute sich schon darauf, ihr erstauntes Gesicht zu sehen.

Geborgen

Die Blumen schließen langsam ihre Blüten,
um sie vor Dunkelheit und Kälte zu behüten.

Sanft wiegen Bäume ihre Äste,
hoch oben schlafen Vögel schon in ihrem Neste.

Der Mond über dem See scheint hell und klar.
Das Wasser glitzert wie eine Sternenschar.

Blätter rascheln leise im Wind.
Es wird ruhig, weil alle müde sind.

Überall gehen die Lichter aus.
Jeder geht nun schnell nach Haus.

Die Kinder freuen sich auf morgen
und sind in Gottes Hand geborgen.

Ein Schutzengel für Ben

Heute war ein ganz besonderer Tag: Bens erster Schultag! Wochenlang hatten ihm seine Eltern schon erzählt, dass er bald zur Schule gehen und Lesen und Schreiben lernen würde. Aber Ben freute sich nicht darauf. Ganz im Gegenteil: Ihm war ziemlich mulmig zumute. Im Kindergarten war es ihm gut gegangen, er hatte viele Freunde gehabt, sich ausgekannt und zu den Großen gehört.
In der Schule würde vieles anders sein, hatte seine Mama gesagt, was immer das zu bedeuten hatte.

Was, wenn er gar nicht gut lesen und schreiben könnte? Wären seine Eltern dann enttäuscht von ihm? Auch sollte er jeden Tag ganz allein zur Schule gehen. Und ohne dort jemanden zu kennen. Ben hatte Angst vor all dem Neuen.
Doch dann erinnerte er sich an etwas, das ihm seine Oma einmal erzählt hatte. Sie sagte, dass jedes Kind einen Schutzengel hätte, der es begleitet. Und dass es doch kaum etwas Schöneres gäbe, als zu wissen, dass jemand auf mich aufpasst und ich mich nicht zu fürchten brauche. Aber das konnte nicht stimmen. Engel gab es doch gar nicht wirklich ... Oder?
In diesem Moment wünschte sich Ben so sehr, dass es Engel gab. Immerhin wurde ja auch im Weihnachtsgottesdienst von einem Engel erzählt, der den Hirten auf dem Feld verkündete, dass Jesus geboren war und dass sie sich nicht zu fürchten brauchten. Und das, was in der Bibel stand, stimmte doch sicher. Immerhin erzählten die Erwachsenen diese Geschichte jedes Jahr wieder.

Ben gab sich einen Ruck. Vielleicht war er also gar nicht ganz allein. Er stellte sich vor, dass ein kleiner Engel bei ihm war und diesen aufregenden ersten Schultag gemeinsam mit ihm verbrachte. Er nannte ihn Paul. Und wenn ihn keiner mögen würde, so hätte er doch wenigstens einen an seiner Seite: Paul, den kleinen Engel.

Nach dem Frühstück machte sich Ben mit seinen Eltern auf den Weg zur Schule. Es gab eine große Eröffnungsveranstaltung in der Sporthalle, wo alle neuen Kinder mit ihren Eltern begrüßt und dann nach und nach in ihre neuen Klassen eingeteilt wurden. Ben blickte sich um und fühlte sich plötzlich wieder ganz unwohl. So viele fremde Gesichter ... Da dachte er an seinen Schutzengel und drückte in Gedanken Pauls Hand. Als die Schuldirektorin schließlich seinen Name aufrief, blickte er ängstlich zu seinen Eltern, die ihm aufmunternd zuwinkerten. Dann lief er Hand in Hand mit Paul nach vorne und stellte sich zu den anderen Kindern, mit denen er nun in eine Klasse kommen und jeden Tag zusammen sein würde. Auch die anderen Kinder sahen etwas unsicher aus. Ob sie auch einen kleinen Engel an der Hand hielten?

Als Ben dann mit den anderen im Klassenraum saß und ihr Lehrer sich vorstellte, ging es ihm schon etwas besser. Neben ihm saß Leyla, ein Mädchen, das er schon mal in seinem Kindergarten gesehen hatte. Sie war zwar nicht in seiner Gruppe gewesen, aber immerhin war sie nicht ganz unbekannt und dazu echt nett. Sie hatte ihm auf dem Weg in den Klassenraum erzählt, dass sie sich schon sehr auf das Rechnen freute, weil sie so gern zählte. Sie zählte alles, was ihr vor die Augen kam. Zum Beispiel die Fliesen auf dem Boden, die Fenster im Schulgang und die Stühle im Raum. Ben hatte aufmerksam zugehört und ihr gesagt, dass er gerne malte und sich deshalb auf den Kunstunterricht freute. Zwischendurch hatte er schon fast vergessen, dass ja sein Schutzengel auch noch da war. Paul saß auf Bens Tischkante und schaute ihn fröhlich an.

Nach einiger Zeit erklang ein Gong, und alle Kinder durften auf den Schulhof gehen. Der Lehrer zeigte ihnen das Gelände. Es war wirklich schön hier. Da war eine Wiese zum Ballspielen, es gab viele Bäume zum Verstecken und einen Spielplatz, auf dem man klettern konnte. Leyla und Ben probierten gemeinsam mit anderen Kindern das große Klettergerüst aus und schaukelten dann abwechselnd, so hoch sie konnten. Bens Schutzengel stand in einiger Entfernung am Rand des Spielplatzes und schaute herüber. Ben winkte ihm zu.

Dann läutete es erneut, und der Lehrer bat sie, wieder ins Klassenzimmer zurückzugehen. Dort warteten bereits die Eltern auf ihre Kinder und nahmen sie fest in die Arme. Ben freute sich riesig, seine Eltern wiederzusehen, und erzählte ihnen aufgeregt, was er alles erlebt hatte.

Abends brachte seine Mutter ihn ins Bett, und sie sprachen über den spannenden Tag, der erst so ungewiss begonnen hatte und dann immer schöner geworden war. Und da fiel es ihm plötzlich auf: Wo war eigentlich Paul? Er konnte ihn gar nicht mehr sehen! Ben bekam einen Schreck. Der Engel durfte doch nicht weg sein. Er hatte ihm so sehr geholfen, als er ihn gebraucht hatte. Unruhig schaute er sich im Zimmer um. Da blitzte ein helles Licht vor dem Fenster auf. Er war immer noch da. Das spürte Ben ganz deutlich. Und auch morgen würde ihn der Engel bestimmt wieder begleiten. Auch wenn Ben jetzt gar nicht mehr so ängstlich war, wenn er an den nächsten Schultag dachte. Wie schön es doch war, einen eigenen Schutzengel zu haben! Da hatte seine Oma wirklich recht.

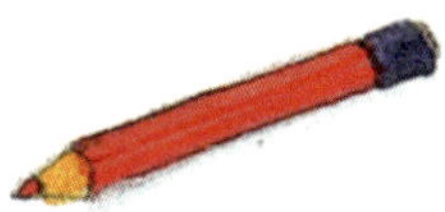

Wenn Engel singen

Gott hat mir einen Engel geschickt, hell leuchtend und klein.
Er geht überall mit mir hin, lässt mich niemals allein.

Mit ihm an meiner Seite kann ich alles machen:
über Steine springen, auf Bäume klettern und viele andere Sachen.

Wenn ich meine Augen schließe, höre ich Glöckchen klingen,
so als würde der Engel für mich singen.

Mein himmlischer Freund passt immer auf mich auf
und bringt mich jeden Tag wieder sicher nach Haus.

Das kleine Schäfchen

Emma liebte es, über die grüne Wiese zu springen und mit ihren Freunden zu spielen. Und sie hatte viele Freunde, denn ihre Herde bestand aus hundert Schafen: kleinen und großen, jungen und alten. Ihnen allen ging es sehr gut, denn der Hirte kümmerte sich um sie, bewachte die Herde mit seinen Hunden und brachte sie zu einer neuen Wiese, wenn die alte abgegrast war.

Heute aber war irgendwie alles anders. Obwohl es ein schöner Herbsttag war, hatten Emmas Freunde keine Lust, mit ihr Verstecken oder Fangen zu spielen. Sie wollten lieber in Ruhe grasen oder ein Nickerchen machen. Auch Emmas Mama und Papa waren zu keinem Spaß zu überreden.

Na gut, dachte sich Emma. Dann muss ich mir eben was anderes überlegen. Und sie überlegte. Lange. Hin und her. Und noch mal in eine andere Richtung. Hm. Was konnte sie auf dieser großen Wiese nur allein anstellen?

Da flog ein Marienkäfer an ihr vorbei. Emma folgte ihm, versuchte, ihn zu fangen, und lief dabei immer weiter.

Irgendwann stolperte sie über einen Ast. Huch? Wo war sie denn jetzt gelandet? Emma war dem Marienkäfer bis in den Wald gefolgt, der an die Schafweide angrenzt. Hinter sich sah sie noch die Wiese mit den weißen Schafen zwischen den Bäumen hindurchblitzen.

Sie war noch nie allein im Wald gewesen. Immer hatte der Hirte darauf geachtet, dass die Schafe auf der Weide blieben. Aber warum eigentlich? Emma schaute sich neugierig um.

Es war so schön hier! Über ihr breiteten sich bunte Blätterdächer aus, hier wuchsen Blumen, die sie noch nie gesehen hatte, und es roch nach süßen Beeren, die sie noch nie probiert hatte. Emma ging weiter in den Wald hinein und entdeckte lustige Tiere, die sie freundlich grüßten, sie aber auch etwas verwundert ansahen. Schafe traf man nicht so oft im Wald.

Nein, es war kein Wolf, es war der Hirte, der Emma überall gesucht und nun endlich gefunden hatte. Emma sprang auf und lief dem Hirten in die Arme, der sie eng an sich drückte und sicher zurück zu den anderen Schafen brachte.

Emma war überglücklich, als sie ihre Eltern sah, die sie erleichtert und freudig begrüßten. Nachdem Emma ihren Eltern und Freunden aufgeregt erzählt hatte, was sie erlebt hatte, wurde sie plötzlich sehr müde. Sie kuschelte sich an das wollweiche Fell ihrer Mama und schlief erschöpft ein. Der Hirte schaute zu ihr herüber und war froh, dass er sein kleines Schaf gefunden hatte.

Und so wichtig, wie Emma dem Hirten ist, bist du für Gott! Er behütet dich Tag und Nacht.

Unsere Welt

Wie schön ist unsere große Welt!
Es gibt so viel, was mir gefällt.

Gott hat sich tolle Sachen ausgedacht
und alles ganz allein gemacht:

hohe Berge, tiefe Meere,
verschiedene Tiere und die Sterne.

Auch uns Menschen hat er erschaffen
und wird Tag und Nacht auf uns achten.

Gottes Schöpfung ist wertvoll, ob groß oder klein.
Auch wir wollen immer gut zu ihr sein.

Von oben betrachtet

„Guten Morgen, aufstehen!" Johann rieb sich die Augen und zog sich die Decke über den Kopf. Doch seine Mutter ließ nicht locker. „Los, du willst doch diesen schönen Tag nicht verpassen!"
„Ich will aber noch schlafen", antwortete Johann mit müder Stimme.
„Schlafen kannst du heute Abend wieder, jetzt unternehmen wir was Schönes. Los, los!"
„Na gut, ich komm ja schon." Johann streckte sich, gähnte einmal laut und setzte sich auf den Rand seines Bettes. Seine Mutter schaute ihm fröhlich ins Gesicht und hielt ihm seine Hose, seinen Pulli und seine Socken entgegen.

Nachdem er angezogen war, saß Johann mit seiner Familie am Frühstückstisch. Seine Mutter und sein kleiner Bruder hatten schon alles vorbereitet. Es gab frische Brötchen, Frühstückseier und sogar Bananenshake.
„Habe ich irgendwas verpasst?", fragte Johann.
„Na, wir wollen doch heute wandern gehen!", antwortete sein Bruder Till fröhlich.
„Stimmt ja ..." Johanns Begeisterung hielt sich in Grenzen.
Nach dem Frühstück packten sie noch Brote, Obst und Kekse ein.

Sie fuhren eine Weile mit dem Auto. Die Straßen wurden immer kurviger, die Orte immer kleiner. Irgendwann kamen sie zu einem Parkplatz, der an einem Waldrand lag. Ein Schild zeigte eine Wanderkarte, auf der ein großes Waldstück und ein Berg abgebildet waren.

„Da sind wir", rief Johanns Mutter. „Nehmt eure Rucksäcke und sucht euch einen schönen Wanderstock. Der Aufstieg kann beginnen."
Gemeinsam mit Till suchte sich Johann einen möglichst geraden Ast. Und dann wanderten sie los.

Es war noch ziemlich kalt im Herbstwald, nur einzelne Sonnenstrahlen fielen durch die dichten Baumkronen. Der Weg wurde immer schmaler und steiler. Johann blieb stehen, um eine Weile zu verschnaufen, und schaute seine Mutter vorwurfsvoll an. Wie gerne hätte er ausgeschlafen, statt hier hochzulaufen.
„Warte mal ab, bis wir den Gipfel erreicht haben ...", sagte seine Mutter, als sie den Blick ihres Sohnes sah.
„Was ist denn da oben so Besonderes?"
„Du wirst schon sehen!"
„Also bisher sehe ich hier nur viele Bäume und sonst nichts."
Johanns Laune sank. Nicht genug, dass er am Samstag so früh hatte aufstehen müssen. Jetzt durfte er auch noch die ganze Zeit durch den Wald laufen. Er hätte sich wirklich was Besseres vorstellen können. Zum Beispiel, mit seinen Freunden schwimmen oder Fußball spielen zu gehen. Dann flog ihm auch noch ein Ast ins Gesicht. „Na toll!"

Nach einer Weile rief Johanns Mutter plötzlich: „Seht mal, da vorne, gleich sind wir da!"

Johann schaute in die Richtung, in die seine Mutter zeigte. Die Bäume wurden immer lichter und kleiner, dafür wurde es noch mal richtig steil. Gemeinsam gingen sie die letzten Meter und erreichten den Gipfel des Berges. Sie blieben stehen. Der Wind wehte Johann ins Gesicht, und die Sonne blendete ihn. Er kniff seine Augen zusammen.

Als er die Augen wieder öffnete und sich umschaute, war er sprachlos. Von dem Berggipfel aus konnte er über eine endlose Landschaft blicken. Die Sonne tauchte die Wälder und Felder in ein strahlendes Licht, und in der Nähe funkelte das Wasser eines Sees. Die Dörfer waren weit weg und winzig klein. Die Luft duftete nach Herbstlaub, und um ihn herum blühten wunderschöne Blumen und Beeren. Staunend stand er da.

„Na, habe ich zu viel versprochen?", fragte Johanns Mutter und legte einen Arm um ihren Sohn.

„Es ist echt schön", antwortete Johann und konnte sich ein Lächeln nicht verkneifen.

Gemeinsam genossen sie noch den Moment und setzten sich dann auf einige große Steine, um ihren mitgebrachten Proviant zu essen. Alle hatten großen Hunger. Die Äpfel, Käsebrote und Kekse schmeckten hier, vor dieser atemberaubenden Kulisse, gleich zehnmal besser als sonst.

„So, und nun machen wir uns wieder an den Abstieg." Johanns Mutter ging mit Till voraus. Johann ließ sich noch etwas Zeit und hörte das Zwitschern der Vögel, das Rascheln der Blätter und das Plätschern einer Quelle. Er betrachtete die kräftigen Stämme der Bäume, die weichen Moosdecken auf dem Waldboden und verschiedene Pilze in ganz unterschiedlichen Formen und Farben. Komisch, vorher war ihm all das gar nicht aufgefallen ...

Am Nachmittag erreichten sie ihr Zuhause und ruhten sich von der Wanderung aus. Nach dem Abendbrot wollte Johann noch mal an die frische Luft. Es war schon dunkel und ziemlich kalt. Trotzdem ging er in den Garten und schaute in den

klaren Sternenhimmel. Johann kam sich plötzlich ganz klein und unwichtig vor. „Was machst du denn hier draußen in der Kälte?", fragte ihn seine Mutter und legte ihm eine Decke um.
„Ich stelle mir gerade vor, wie weit weg und wie riesig groß eigentlich die Sterne, die Sonne und der Mond sind ... Sind wir nicht winzig klein und ... total unwichtig?"
Johanns Mutter schaute ebenfalls zum Himmel. „Ja, wir sind tatsächlich nur ein kleiner Teil des Universums. Aber deswegen sind wir nicht unbedeutend. Weißt du noch, wie wir heute vom Berg aus auf die Landschaft um uns herum geschaut haben? Die Menschen waren von uns aus gesehen auch nur winzig klein. Aber trotzdem sind sie wichtig. Jeder Mensch hat andere Menschen, die ihn lieben, eine Aufgabe, die einen Unterschied macht für andere. Ein ganz eigenes Leben! So ist jeder von uns ein kleiner Teil eines großen Ganzen. Und jeder ist unendlich wertvoll!"
Darüber musste Johann noch lange nachdenken, als er im Bett lag. Und bevor er damit fertig war, war er fest eingeschlafen.

Im schimmernden Licht

Die Sonne geht unter, es kehrt ein die Nacht.
Alle Kinder werden ins Bett gebracht.

Sie denken an den vergangenen Tag
und fragen sich, was wohl morgen sein mag.

Eine Kerze verbreitet ihr schimmerndes Licht,
unter der Decke ist es so kuschelig.

Alle Ängste und Sorgen werden ganz klein.
Wie schön ist es, zusammen zu sein.

Ein Buch wird aufgeschlagen, ein Lied erklingt
und eine Geschichte, die alle zum Lächeln bringt.

Doch nun wird geschlafen, die Augen gehen zu.
Friedliche Träume und erholsame Ruh!

Wind und Wellen

Tock, tock, tock, tock. Klara lief über den hölzernen Steg, der von raschelndem Schilf umgeben war. Sie war aufgeregt: Heute würden ihr Vater und sie gemeinsam segeln gehen. Bisher hatten sie immer nur geübt und dabei nur kleine Runden gedreht. Jetzt würden sie eine richtige Segeltour machen!

Ein kräftiger Wind wehte ihr ins Gesicht. Sie liebte es, am Wasser zu sein. Genau wie ihr Vater. „Beeil dich“, rief sie ihm zu. Schon kam er hinter ihr her und brachte die Rettungswesten mit. Die waren Pflicht, wenn es aufs Wasser ging.
Klaras Vater kletterte auf das kleine Segelboot, dessen brauner Rumpf in der Sonne glänzte und auf den kleinen Wellen hin und her schaukelte. Er hob Klara auf das Boot und löste das Tau. Es konnte losgehen!

Langsam schwebte das Segelboot aus dem kleinen Hafen. Klara beobachtete die kreischenden Möwen und die anderen Segelboote, die schon weit draußen auf dem großen See ihre Bahnen zogen. Als sie den Hafen verlassen hatten, hisste der Vater die Segel. Klara half ihm dabei, so wie sie es zuvor gelernt hatte. Mit einem flatternden Geräusch plusterten sich die Segel auf, und sofort gewann das Boot an Geschwindigkeit. Klara und ihr Vater jubelten. Schnell glitten sie über das glitzernde Nass, das an den Seiten des Bootes in die Höhe spritzte.

Nach einer Weile, als sie schon fast am anderen Ende des Sees angekommen waren, verdunkelte sich der Himmel, dichte Wolken zogen auf, und der Wind wurde stärker. Klaras Vater rief: „Wir sollten umdrehen.“

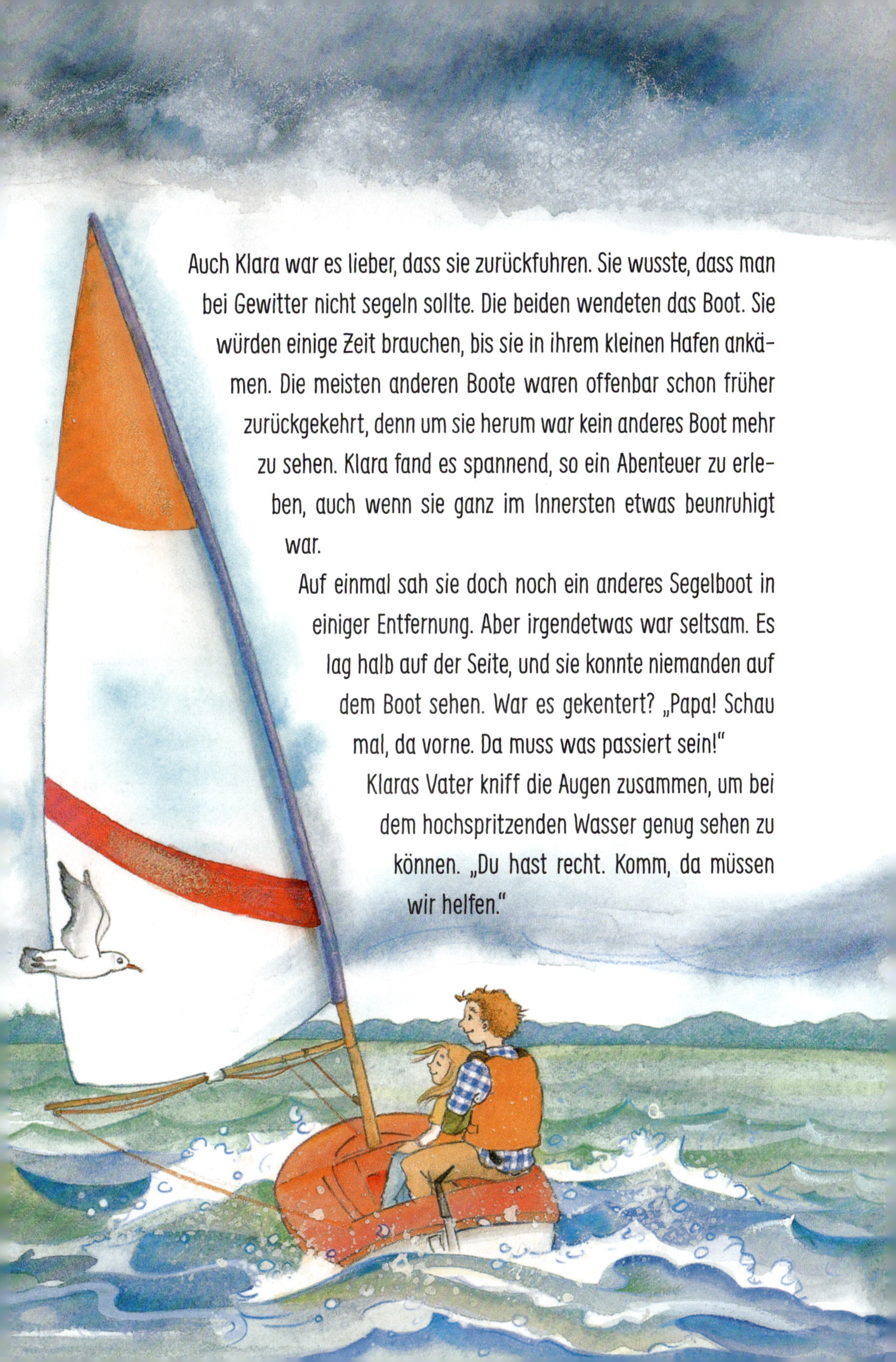

Auch Klara war es lieber, dass sie zurückfuhren. Sie wusste, dass man bei Gewitter nicht segeln sollte. Die beiden wendeten das Boot. Sie würden einige Zeit brauchen, bis sie in ihrem kleinen Hafen ankämen. Die meisten anderen Boote waren offenbar schon früher zurückgekehrt, denn um sie herum war kein anderes Boot mehr zu sehen. Klara fand es spannend, so ein Abenteuer zu erleben, auch wenn sie ganz im Innersten etwas beunruhigt war.

Auf einmal sah sie doch noch ein anderes Segelboot in einiger Entfernung. Aber irgendetwas war seltsam. Es lag halb auf der Seite, und sie konnte niemanden auf dem Boot sehen. War es gekentert? „Papa! Schau mal, da vorne. Da muss was passiert sein!"

Klaras Vater kniff die Augen zusammen, um bei dem hochspritzenden Wasser genug sehen zu können. „Du hast recht. Komm, da müssen wir helfen."

Entschlossen segelten die beiden zu dem gekenterten Boot. Doch auch als sie schon nahe dran waren, sahen sie niemanden, der zu dem Boot gehörte.
Sie riefen laut: „Hallo? Ist da jemand?" Aber es kam keine Antwort.
Die beiden überlegten, was sie nun tun konnten. Da hörten sie plötzlich ein leises Rufen, das immer wieder unterbrochen wurde: „Hier bin ich. Ich brauche Hilfe!" Sie sahen einen alten Mann, der versuchte, sich an der Seite des Bootes festzuhalten, aber immer wieder abrutschte. Offenbar hatte er keine Kraft mehr, um sich allein hochzuziehen.

Klaras Papa sagte: „Wir müssen neben dem anderen Boot zum Stehen kommen. So können wir den Mann über das Heck ins Boot holen. Alles klar?"
Klara war etwas mulmig. Dieses Rettungsmanöver hatte sie noch nie gemacht. Aber ihr Vater hatte es ihr bei den vielen Übungen immer wieder gezeigt. „Ja, alles klar."
Sie starteten das Manöver. Es war bei dem starken Wind nicht einfach, ganz nah an das andere Boot heranzusegeln, ohne es zu rammen. Aber es klappte. Klara und ihr Vater waren ein gutes Team. Die Segel flatterten wild im Wind, als sie sie einholten. Dann zog Klaras Vater den Mann auf das Boot. Dieser prustete kräftig und ließ sich erschöpft auf dem Deck nieder.

Als er sich etwas erholt hatte und Klara und ihr Vater das Segelboot sicher in den Hafen gesteuert hatten, sagte er: „Gott muss euch geschickt haben. Ihr wart meine Rettung. Ich danke euch sehr."

Klaras Vater sagte, dass er froh sei, dass sie ihn gefunden hatten. Sie brachten den Mann nach Hause. Er fiel seiner Frau in die Arme und dankte Klara und ihrem Vater noch einmal zum Abschied. Um das gekenterte Boot würde er sich kümmern, sobald sich das Wetter etwas beruhigt hatte.

Nach dem Abendessen brachte Klaras Vater seine Tochter ins Bett. Klara war unglaublich müde, aber eines wollte sie unbedingt noch wissen: „Papa, was meinte der Mann eigentlich damit, dass Gott uns geschickt haben muss?"
Klaras Vater antwortete: „Er glaubt, dass Gott auf ihn aufgepasst hat, weil wir in der Nähe waren und ihm geholfen haben." Er lächelte.
„Passt Gott auch auf mich auf?", fragte Klara und kuschelte sich in ihr Kopfkissen.
„Ganz bestimmt", antwortete ihr Vater.
Kurz darauf schlief Klara ein und träumte von dem See. den Wellen und dem stürmischen Wind.

Mein Name

Levi war mit seinen Eltern in eine andere Stadt gezogen. Mama hatte hier eine neue Arbeit bekommen. Sie sagte, Levi würde sich bestimmt ganz schnell eingewöhnen. Aber Levi glaubte das nicht. Es war ziemlich schlimm für ihn. In der alten Stadt hatte er sich gut ausgekannt. Da war er schon in den Kindergarten gegangen, und viele seiner Freunde waren mit ihm in die Grundschule gekommen. Er hatte ganz allein zur Schule gehen können und ganz genau gewusst, wo es langging.

Hier war alles fremd, er kannte überhaupt niemanden. Am ersten Schultag brachte ihn Mama bis zum Klassenzimmer, wo bereits der neue Lehrer auf ihn wartete. Mama sagte zum Abschied: „Du wirst schnell Freunde finden! Nachher hole ich dich ab. Und in ein paar Tagen kannst du bestimmt schon allein zur Schule gehen, wie früher." Levi schluckte und ging mit seinem Lehrer in die neue Klasse. Alle guckten ihn an. Der Lehrer stellte ihn den anderen vor: „Das ist Levi. Er ist hierhergezogen und gehört jetzt zu eurer Klasse." Ein paar Kinder kicherten. Levi bekam einen Platz neben einem anderen Jungen. Der guckte ihn an, sagte aber nichts.

In der Pause kamen drei Jungen auf ihn zu.
„Levi", sagte der eine. „Das klingt ja wie Blödi!"
„Oder wie Rindvieh", rief ein anderer.
Die drei lachten laut. „Was für ein komischer Name!"
Levi war traurig. Warum waren die anderen so gemein? Er hatte doch nichts getan.

Als die Schule endlich vorbei war und seine Mutter ihn abholte, war Levi froh, nach Hause zu können. Er wollte nie wieder in diese blöde Schule gehen!

Auf dem Heimweg erzählte Levi seiner Mutter, was passiert war. „Ja, das ist wirklich gemein!", sagte sie. „Aber weißt du, ich finde, Levi ist ein wunderschöner Name. Sonst hätten Papa und ich ihn nicht für dich ausgesucht. Er bedeutet ‚der Verbundene' oder ‚der Treue'. Wir haben lange überlegt, wie du heißen sollst. Es war uns wichtig, dass es ein guter Name ist. In der Bibel steht, dass Gott jeden Menschen bei seinem Namen ruft. Bei deiner Taufe hat der Pfarrer das auch ganz bewusst gesagt. Er hat dich auf deinen Namen getauft. Wer über den Namen von jemand anderem lacht, den musst du nicht ernst nehmen. Der hat nicht verstanden, was ein Name bedeutet."

Na ja, dachte Levi. Ob die blöden Jungs aus der Schule das verstehen würden? Andererseits fühlte er: Wenn Gott mich bei meinem Namen nennt, kann mein Name ja gar nicht blöd sein. Außerdem mochte er selbst seinen Namen richtig gern ...

Trotzdem war Levi am nächsten Tag mulmig zumute, als Mama ihn wieder zur Schule brachte. Und in der Pause passierte es: Die Jungs ärgerten ihn wieder: „Levi, Rindvieh", riefen sie. Und: „Levi schafft das nie."
Doch diesmal antwortete Levi: „So ein Quatsch. Levi ist ein schöner Name. Ich bin froh, dass ich so heiße!"

Als Levi wieder in der Klasse war, sagte der Junge neben ihm: „Ich heiße Mark. Über meinen Namen haben sie am Anfang auch abgelästert: Mark, Quark, Park und so einen Mist. Lass sie einfach, die kriegen sich wieder ein. Ich finde deinen Namen übrigens echt ganz gut!"

Unser Geheimplatz

Die beiden Wölfe Janosch und Oskar waren die besten Freunde. Die allerbesten Freunde. Jeden Tag streiften sie gemeinsam durch den Wald und dachten sich tolle Sachen aus. Einmal hatten sie sich zum Beispiel vorgestellt, sie wären Ritter und würden böse Räuber jagen. Ein anderes Mal hatten sie den anderen Wölfen im Dunkeln aufgelauert und sie dann wahnsinnig erschreckt. Das hatte vielleicht Spaß gemacht!

Aber heute hatten sie noch eine bessere Idee: Sie waren große Entdecker und auf der Suche nach einem Ort, an dem noch nie zuvor jemand gewesen war. Und das war gar nicht so leicht, denn sie waren nun mal Wölfe, und Wölfe kannten sich im Wald sehr gut aus. Sie konnten weite Strecken zurücklegen und hatten gute Spürnasen. Eigentlich konnte ihnen gar nichts verborgen bleiben. Aber Janosch und Oskar waren sich sicher: Sie als echte Entdecker würden einen Geheimplatz finden, der nur ihnen gehörte.

Lange strichen sie nun schon durch den winterlichen Wald. Es war kalt und der Schnee ziemlich tief. „Ich denke, wir sollten umkehren", meinte Oskar. „Ich will nicht, dass meine Eltern sich Sorgen machen."

„Ach komm schon, nur noch ein bisschen!", ermunterte Janosch ihn.

„Nein, lass uns besser umdrehen ..."

„Du Langweiler. Na gut, aber morgen suchen wir weiter!"

„Na klar", stimmte Oskar zu.

Die beiden machten sich auf den Rückweg. Irgendwann kamen sie an einigen sehr dichten Büschen vorbei, die sie neugierig machten. Was sich wohl dahinter verbarg? Janosch versuchte hindurchzuschauen, konnte aber nichts erkennen. „Komm, hilf mir mal", forderte er seinen Freund auf. Gemeinsam brachen sie einige Zweige ab und zwängten sich durchs Dickicht.

Vor ihnen öffnete sich ein wunderschönes Bild: Ein Bach plätscherte durch eine teilweise noch schneebedeckte Wiese. Hier und dort blühten Schneeglöckchen und bunte Krokusse. Sonnenstrahlen tauchten den Platz in ein goldenes Licht und ließen die dünne Schneeschicht glitzern.

„Wow!", sagte Oskar, nachdem die beiden einige Zeit einfach nur staunend dagestanden hatten.

„Das ist er", meinte Janosch. „Unser Geheimplatz!"

„Das kannst du laut sagen", stimmte Oskar lachend zu. Und die beiden liefen los, um sich umzuschauen. Obwohl es schon spät war, bauten sie sich aus Zweigen eine Höhle, nur für sie beide. Und ein kleines Floß, das über den Bach schipperte.

Erst als es dämmerte, machten sie sich widerwillig auf den Heimweg und markierten den Busch, der ihr geheimer Eingang war. Morgen würden sie wiederkommen.

„Das ist unser Geheimnis!", sagte Janosch. „Wir dürfen niemandem davon erzählen."

„Niemandem", sagte Oskar, „sonst wäre es ja schließlich kein Geheimnis mehr."

Fröhlich verabschiedeten sie sich voneinander und liefen nach Hause.

Am nächsten Morgen war Janosch immer noch ganz aufgeregt. Er wollte am liebsten sofort mit Oskar zu seinem Geheimplatz laufen. Aber sein Opa bestand darauf, dass sie erst gemeinsam frühstückten. Dann endlich durfte er los. So schnell er konnte, rannte er zu seinem Freund. Doch Oskar war gar nicht zu Hause.
„Oskar und Lotta sind mit einigen anderen in den Wald gegangen", sagte Oskars Mutter.
Lotta war Oskars Schwester.
Janosch war verwundert. „Oh, ach so ... Wo wollten die beiden denn hin?"
„Oskar hat gestern beim Abendessen irgendwas von einem geheimen Ort erzählt ... Keine Ahnung, was er sich jetzt schon wieder ausgedacht hat. Sie sind in diese Richtung gelaufen, du wirst ihn schon finden."
Janosch erschrak, als er das hörte. Das konnte doch nicht wahr sein! Hatte Oskar tatsächlich einfach von ihrem Geheimplatz erzählt?

In rasendem Tempo lief Janosch zu der Stelle im Wald, die sie gestern markiert hatten. Er schob die Zweige zur Seite und traute seinen Augen kaum: Lotta und drei ihrer Freunde sprangen jubelnd über die winterliche Wiese, spielten mit dem Floß und in der Höhle. Oskar stand etwas abseits und sah gar nicht glücklich aus. Als er Janosch entdeckte, kam er langsam auf ihn zu.
„Es tut mir so leid, Janosch. Ich habe noch versucht, sie aufzuhalten." Er senkte den Kopf.
„Wie konntest du Lotta nur davon erzählen?" Janosch war stinksauer. „Wir haben uns doch versprochen, dass keiner von unserem Geheimnis erfahren soll!"
„Ich weiß ... Aber ich war gestern so aufgeregt und dachte, Mama, Papa und Lotta kann ich es ja erzählen. Ich habe ihnen extra gesagt, dass sie mit niemandem

darüber sprechen dürfen. Aber heute Morgen ist Lotta sofort zu ihren Freunden gelaufen – und dann hierher. Ich hätte wenigstens den Weg nicht so genau beschreiben sollen ... Es tut mir wirklich leid!"

„Das sollte es auch", fauchte Janosch und lief weg. Was sollte er noch hier, wenn ihr Geheimplatz überhaupt nicht mehr geheim war ...?

Zu Hause rollte er sich zusammen und wollte nur noch allein sein. Sein Opa kam zu ihm und fragte, was denn passiert sei. Wütend erzählte Janosch von dem geplatzten Geheimnis.

Opa nickte und sagte Janosch, dass er seine Enttäuschung gut verstehen könne. Schließlich hatte Janosch Oskar vertraut.

„Und trotzdem ...", fügte er hinzu. „Jeder macht mal Fehler. Wichtig ist nur, dass man sie erkennt und dazu steht. Ich bin mir sicher, dass es Oskar leidtut. Er will bestimmt genauso wenig wie du, dass es Streit gibt. Ihr seid doch beste Freunde."

Janosch dachte über die Worte seines Opas nach. Oskar hatte wirklich traurig ausgesehen und sich auch sofort bei Janosch entschuldigt. Er hatte offensichtlich ein schlechtes Gewissen, dass er ihr Geheimnis ausgeplaudert hatte.

„Danke, Opa!", sagte Janosch und lief los zu seinem Freund. Er wollte die Entschuldigung annehmen und mit Oskar zusammen auf der Lichtung spielen. Schließlich hatte er sich darauf schon die ganze Zeit gefreut! Und wer weiß, vielleicht fanden sie ja irgendwann einen neuen Geheimplatz. Bis dahin konnten sie mit den anderen zusammen spielen und noch eine zweite Höhle bauen. In einer wäre es wirklich zu eng für alle.

Das merkt doch keiner!

Luisa liebte es, mit ihrer Freundin Ava „Prinzessin" zu spielen. Sie hatte eine große Kiste in ihrem Zimmer, in der es ganz viele Stoffe, Kleider, Schals und Tücher gab. Mama hatte ein paar schöne Sachen von früher hineingelegt, und auch Omi und Tante Sibylle brachten manchmal etwas mit. Sogar ein paar Schuhe mit Absätzen lagen in der Kiste. Es war echt toll, sich zu verkleiden.

An diesem Nachmittag hatten die beiden Mädchen sich richtig schön gemacht. „Jetzt müssen wir uns noch schminken!", rief Ava. Luisa überlegte. Sie wusste, wo Mamas Schminksachen im Bad lagen. Aber Mama sagte immer: „Du musst mich fragen, wenn du etwas davon nehmen willst. Die Sachen mag ich besonders, und sie waren echt teuer!" Mama saß unten und redete bei einer Tasse Kaffee mit Avas Mutter. Die beiden waren offenbar sehr beschäftigt. „Ach was", dachte Luisa. „Mama merkt doch gar nicht, wenn wir uns ein bisschen Schminke nehmen."

Die beiden Freundinnen gingen ins Bad und nahmen einen Mascara, mit dem sie sich die Wimpern schwarz anmalen konnten. Dadurch sahen sie viel länger und dichter aus. Sie kicherten. Dann fanden sie eine kleine Schachtel mit Rouge – das sah gut aus mit den roten Wangen. Wie Prinzessinnen. „Jetzt noch Lippenstift", meinte Luisa begeistert. Mama hatte einen Lieblingslippenstift. Der war knallrot. Und er glänzte wunderschön.

Luisa nahm ihn aus Mamas Kosmetiktäschchen und drehte ihn ganz weit heraus. Sie wollte Ava zeigen, wie toll er ist. Dann zog sie ihn über ihre Lippen – o nein! Das schöne cremige Teil brach in der Mitte auseinander!
Luisa wurde blass. Sie schaute Ava an.

Die sagte: „Das merkt doch keiner! Dreh ihn zurück und steck das abgebrochene Teil obendrauf!" Luisa machte es so. Dann wischten sie sich schnell das Rouge wieder aus dem Gesicht und rannten ganz geschwind ins Kinderzimmer.
Aber irgendwie machte das Spielen gar keinen Spaß mehr. Bald sagte Ava: „Ich geh jetzt besser mal nach Hause." Sie lief runter zu ihrer Mutter. Luisa saß in ihrem Zimmer. Ihr tat der Bauch weh, und sie hatte ein furchtbar schlechtes Gewissen wegen des Lippenstifts.
Wie sollte sie ihrer Mama das nur sagen?

Als Mamas Freundin mit Ava nach Hause gegangen war, kam Mama hoch. „Hast du dich mit Ava gestritten?“, fragte sie. „Du hast dich ja gar nicht von ihr verabschiedet!“ Luisa hatte einen dicken Kloß im Hals. Ihr stiegen die Tränen in die Augen.

„Was ist denn los?“, wollte Mama wissen und nahm ihre Tochter in den Arm. Und dann konnte Luisa nicht anders, weinte und erzählte die ganze Geschichte.

Mama hörte mit ernstem Gesicht zu. Schließlich ging sie ins Bad und holte den Lippenstift.

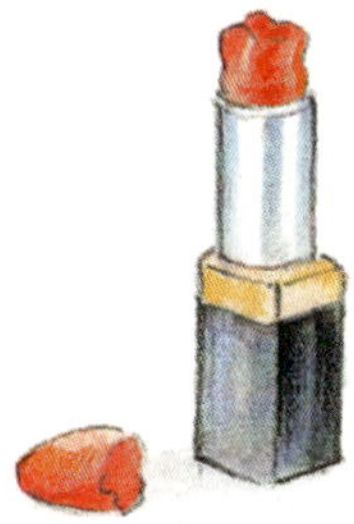

„Weißt du, Luisa“, sagte sie, „ich bin wirklich traurig, dass der Lippenstift kaputt ist. Und ich bin traurig, dass du ihn einfach genommen hast, obwohl du weißt, dass er mir gehört. Du hättest mich fragen müssen.“

Luisa konnte das verstehen. „Tut mir leid, Mama!“, schluchzte sie.

Da sagte Mama: „Aber noch trauriger hätte es mich gemacht, wenn du mir das nicht erzählt hättest. Wenn du mich belogen und gesagt hättest: Das war ich doch nicht. Also, danke, dass du mir die Wahrheit gesagt hast. Und: Das nächste Mal frag mich bitte, bevor du meine Sachen nimmst. Okay?“

Luisa nickte, wischte sich die Tränen aus dem Gesicht und kuschelte sich in Mamas Arme. Ja, Mama war echt enttäuscht von ihr. Aber Luisa war froh, dass sie gesagt hatte, was passiert war. Der Klumpen in ihrem Bauch fühlte sich gar nicht mehr so schlimm an.

Was für ein Tag

Was war das nur für ein Tag!
Ich habe so viel gespielt, getobt und gelacht.

Aber nicht alles war heute gut für mich.
Im Kindergarten war es ganz fürchterlich.

Ich bin vom großen Klettergerüst gefallen
und hab mir schrecklich wehgetan.

Viele Kinder haben gelacht.
Das hat mich so traurig gemacht.

Doch Mia war für mich da.
Echte Freunde zu haben ist einfach wunderbar!

Jetzt gute Nacht und warm zugedeckt,
will träumen, bis die Sonne mich weckt.

Papas Geburtstag

Mattes war sehr aufgeregt. Sein Papa hatte Geburtstag und viele Leute eingeladen, um ein richtig großes Fest zu feiern. Den ganzen Tag bereiteten sie alles vor: Im Garten wurden Tische und Bänke aufgestellt und die Büsche mit Girlanden und Lichterketten geschmückt. Am Vormittag waren sie einkaufen gewesen. Es würde gegrillte Würstchen, gegrillten Käse und Kartoffelsalat geben. Und Eis zum Nachtisch. Jetzt legte er mit seiner Schwester schöne Servietten und Luftschlangen auf die Tische.
Nach und nach trafen die Gäste ein. Mattes kannte die meisten. Seine Cousinen und Cousins waren auch dabei. Darüber freute er sich, denn sie konnten zusammen spielen.

Als alle am Tisch saßen, um gemeinsam zu essen, saß er zwischen einigen Erwachsenen. Sie sprachen darüber, dass es gar nicht gut ist, zu viel und billiges Fleisch zu essen – auch wenn gegrillte Würstchen lecker sind. Denn viele Tiere leben deswegen in zu engen Ställen, dürfen nicht auf die Weide und bekommen ungesundes Futter, das auch das Fleisch ungesund macht.
Dann ging es darum, dass viele Bienen und Insekten sterben, weil auf den Feldern viel Pflanzengift versprüht wird, um Unkraut zu vernichten. So werden aber auch Gräser und Wildkräuter zerstört, die Insekten, Käfer und Schmetterlinge als Nahrung brauchen.

Da fiel Mattes ein, dass sie in der Schule gerade ein Insektenhotel gebaut hatten. Das ist eine Art Kasten aus Kork und Holz und Steinen und Stroh, in dem viele Insekten ganz geschützt brüten können. Er fing an, begeistert davon zu berichten. Aber auf einmal merkte er, dass die Erwachsenen ihm gar nicht zuhörten. Sie redeten einfach weiter, als sei völlig egal, was er da erzählte. Mattes war enttäuscht. War denn nicht wichtig, was er sagte? Ihm stiegen Tränen in die Augen. Er ließ seinen Teller stehen und rannte in sein Zimmer. Da legte er sich auf sein Bett und weinte.

Eine Weile später kam sein Vater zu ihm. „Mattes, ich habe dich schon gesucht. Was machst du denn hier? Willst du nicht mit uns feiern? Es ist doch mein Geburtstagsfest!" Mattes erzählte ihm, was passiert war. Der Vater hörte zu und sagte schließlich: „Das verstehe ich. Es tut weh, wenn andere dir nicht zuhören oder dich nicht ernst nehmen!" Und dann erzählte er ihm eine Geschichte von Jesus.

Einmal waren Kinder zu ihm gekommen, weil sie auch hören wollten, was er erzählte. Aber die anderen Erwachsenen scheuchten sie weg. Sie fanden, dass Kinder nur störten. Darüber hatte Jesus sich mächtig geärgert und die Kinder zu sich geholt. Er war in die Hocke gegangen und hatte ihnen von Gott erzählt. Er hatte sie gefragt, ob es ihnen gut geht, ihnen zugehört. Das gefiel Mattes. Kinder müssen sich nicht einfach wegscheuchen lassen. Erwachsene sollen hören, was sie zu sagen haben.

Nach dem Gespräch ging es Mattes schon besser. Er wusch sich einmal das Gesicht mit kaltem Wasser und ging dann mit seinem Vater zurück zu den Gästen. Das nächste Mal würde er laut sagen: „Hört mir zu!"

Ganz allein meins

Weihnachten ist einfach das allerschönste Fest des Jahres, fand Miriam. Sie hatte als Geschenk ein Pferd bekommen! Nein, kein richtiges Pferd. Aber ein ganz tolles zum Spielen. Es war fast so groß wie ein echtes Pony. Sie konnte sich draufsetzen und so tun, als würde sie reiten! Und wenn sie einen Knopf drückte, hörte es sich so an, als würde das Pferd schnauben. Wirklich! Dazu hatte sie einen Sattel bekommen und Zaumzeug und einen Putzkasten. Es war das tollste Weihnachtsgeschenk aller Zeiten. Miriam war so glücklich, sie beschäftigte sich den ganzen Heiligabend lang nur noch mit dem Pferd. Und beim Schlafengehen hätte sie es am liebsten mit ins Bett genommen. Aber dazu war es leider zu groß. So stellte sie das Pferd direkt neben ihr Bett.

Am nächsten Morgen nach dem Frühstück wollte sie sofort wieder mit ihm spielen. Sie nannte es „Schneeflocke", weil es so schön weiß war. Da kam ihre Schwester Judith ins Zimmer. Judith war drei Jahre älter als Miriam und setzte sich einfach auf Schneeflocke! Miriam sagte wütend: „Runter, das ist mein Pferd!"
Judith lachte: „Versuch doch, mich runterzuwerfen, schaffst du ja doch nicht!"
„Hau sofort ab aus meinem Zimmer", schrie Miriam. Sie zerrte an Judith. Die lachte weiter und blieb sitzen. Da wurde Miriam so sauer, dass sie mit den Fäusten auf Judith losging. Judith zerrte sie an den Haaren. Das war ein Gezeter und Geschrei!

Mama kam ins Zimmer gerannt. Sie zog die beiden auseinander und schimpfte: „Was soll das denn! So ein Streit an Weihnachten! Könnt ihr denn nicht friedlich miteinander spielen? Wir haben doch gestern so schön in der Kirche und zu Hause gefeiert!"
Judith weinte: „Ich wollte doch nur auch mal auf dem Pferd sitzen!"
Und Miriam heulte: „Aber es ist meins, ganz allein meins!"

Mama setzte sich mit ihren Töchtern auf den Boden und nahm sie in die Arme. Beide schluchzten noch ein bisschen. Mama sagte: „Am Martinstag habt ihr doch beim Laternenumzug die schöne alte Geschichte gehört von Martin. Der hat einen armen frierenden Mann gesehen. Und weil der ihm so leidtat, hat er seinen Mantel mit ihm geteilt." Die beiden Schwestern schauten sich an: O ja, das war schön gewesen. Sie waren mit ihren Laternen und vielen anderen Kindern hinter einem echten Pferd hergelaufen, auf dem der heilige Martin gesessen hatte. Und dazu hatten sie die Lieder gesungen, die sie im Kindergarten und in der Schule gelernt hatten.

Jetzt redeten sie darüber, dass es toll ist, wenn andere sich mit einem freuen – so wie der Bettler sich über den halben Mantel gefreut hatte. Oder wie schön es ist, wenn alle an einem Tisch sitzen und Essen teilen. Wenn einer alles allein aufessen würde und die anderen nur dabeisäßen und Hunger hätten, würde es einfach keinen Spaß machen.

Nach einer Weile ging Mama wieder ins Wohnzimmer, sie wollte noch ein wenig in ihrem neuen Buch lesen. Miriam und Judith spielten mit dem Pferd. Mal war die eine die Reitlehrerin, und die andere musste das Pferd striegeln, mal war es umgekehrt. Sie hatten viel Spaß zusammen. Anschließend gingen sie in Judiths Zimmer und hörten zusammen das Hörbuch, das Judith zu Weihnachten bekommen hatte.

Es war ein schöner Tag geworden. „Teilen macht echt Spaß", dachte Miriam, als sie abends in ihrem Bett lag. Schneeflocke stand direkt neben ihr. Morgen würde sie wieder damit spielen – vielleicht sogar gemeinsam mit ihrer Schwester! Denn Weihnachten zusammen machte doch viel mehr Spaß. Den kleinen Streit hatte sie fast vergessen.

Paula und der Unfall

Wie jeden Morgen brachte Papa seine Tochter Paula und ihren kleinen Bruder Juri zum Kindergarten. Als sie auf die große Straßenkreuzung zugingen, rief Juri ganz aufgeregt und laut: „Schaut mal! Polizei, Blaulicht! Da ist ein Krankenwagen!" Er war völlig begeistert.

„Lass uns schnell vorbeigehen", sagte Papa. Er nahm beide Kinder fest an die Hand und ging mit ihnen über die Ampel, als die grün wurde. Aber Paula hatte gesehen, dass da ein Fahrrad auf der Straße lag, das ganz verdreht war. Und sie hatte gesehen, dass ein Mann auf einer Liege in den Krankenwagen geschoben wurde. Der sah aus wie Herr Neumann, ihr Nachbar!
„Papa, ist das Herr Neumann? Was hat er denn?", fragte sie. Und: „Papa, hat er sich sehr wehgetan?"
„Ich weiß es nicht", sagte Papa. „Kommt jetzt bitte, wir müssen uns beeilen, sonst komme ich zu spät zur Arbeit. Außerdem stört es die Helfer bei der Arbeit, wenn alle stehen bleiben und zugucken."

Paula ging der Unfall nicht aus dem Kopf. Sie fragte die Erzieherin, was denn wohl passiert sein könnte. Diese meinte, vielleicht hätte ein Autofahrer Herrn Neumann auf dem Fahrrad nicht richtig gesehen und ihn angefahren.
„Und was ist jetzt mit ihm?", fragte Paula.
„Sicher wurde er ins Krankenhaus gebracht, damit man dort seine Verletzungen behandelt und er möglichst schnell wieder gesund wird!"

Der Tag ging vorüber, und es wurde Abend.

Als Papa mit Paula und Juri beim Abendbrot saß, erzählte Juri immer noch ganz begeistert von den vielen Blinklichtern, der Polizei und dem Krankenwagen.

„Das ist doch überhaupt nicht schön!", rief Paula.

„Das stimmt", meinte Papa, „ein Unfall ist immer schlimm. Und es ist wirklich nicht lustig, wenn die Polizei und der Krankenwagen kommen müssen. Gut ist nur, dass dem Verletzten geholfen wird."

„Und ich weiß, wie ich sie anrufen muss", erklärte Paula. „Ich muss die Zahlen 110 tippen."

„Super", sagte Papa, „das stimmt schon mal. Bei einem Unfall kommt dann die Polizei und schaut, was los ist. Und wenn jemand verletzt ist, kommt der Krankenwagen. Den ruft man mit der Telefonnummer 112. Manchmal ist nichts Schlimmes passiert, ein anderes Mal müssen die Leute dann auch ins Krankenhaus."

„Mit Tatütata", rief Juri, „das will ich auch."

„Du bist so doof", sagte Paula. „Das macht doch keinen Spaß, wenn es wehtut! Und der arme Herr Neumann, dem geht es schlecht."

„Ja", sagte Papa. „Das ist nicht lustig! Wenn sich Menschen verletzen und Schmerzen haben, wenn andere deswegen ebenfalls traurig sind. Abends beten wir deshalb, dass der liebe Gott immer auf uns alle aufpasst. Und wenn etwas Schlimmes passiert, dann ist Gott auch für uns da."

Papa hatte eine Idee: „Wir fragen Frau Neumann einfach, was passiert ist und wie es ihrem Mann geht." Er suchte ihre Telefonnummer heraus und rief an. Paula und Juri warteten gespannt. Papa hörte eine Weile zu, wünschte gute Besserung und legte auf. Dann erzählte er: „Es war tatsächlich Herr Neumann. Ein Auto hat ihn angefahren. Im Krankenhaus haben sie festgestellt, dass sein Arm gebrochen ist. Der Arm ist jetzt in einem Gips. Aber Herr Neumann konnte heute Mittag schon wieder nach Hause kommen, und in sechs Wochen ist alles verheilt. Und seine Frau hat uns eingeladen, am Samstag zum Kaffeetrinken zu kommen."
„Toll", rief Juri. „Dann muss Herr Neumann ganz genau erzählen, wie es war, als er mit dem Krankenwagen gefahren ist!"
„Und ich will unbedingt den eingegipsten Arm anschauen", sagte Paula. „Und ich muss fragen, ob es noch wehtut."

Beim Zubettgehen kuschelte Paula sich an Papa. „Dem Autofahrer tut das bestimmt furchtbar leid, oder?", flüsterte sie.
„Ja", sagte Papa. „Das wollte er ganz bestimmt nicht."
Als sie ihr Nachtgebet sprach, dachte sie ganz besonders an ihn – und natürlich an Herrn Neumann.

So weiß wie Schnee

Es war ein wunderbarer Frühlingstag. Die Vögel zwitscherten, die Sonne schien, die Blumen blühten in voller Pracht. Nur Smilla war wie fast immer traurig. Sie wollte sich am liebsten verstecken. Denn Smilla war anders als die anderen. Und das war auf den ersten Blick zu erkennen: Im Gegensatz zu allen anderen Kühen auf der Weide, die schöne große schwarze Flecken hatten, hatte Smilla überhaupt keine Flecken. Sie war einfach nur weiß. Langweilig weiß. Noch dazu hatten alle Kühe große braune Kulleraugen. Aber Smillas Augen waren blau. Hellblau. Womit hatte sie das nur verdient? Überall fiel sie auf. Sie hatte das Gefühl, dass alle auf sie zeigten, über sie redeten, und das Schlimmste: über sie lachten. Die weiße Kuh ohne Flecken!

So kam es, dass Smilla meistens am Rand der Herde stand. Wenn die anderen Kühe zusammen grasten, tobten oder sich über dies und das unterhielten, schaute sie nur aus einiger Entfernung zu. Und wenn jemand sie doch mal ansprach, gab sie nur eine knappe Antwort, schaute nach unten und machte sich schnell aus dem Staub.

Sie schämte sich so sehr, dass sie sogar schon versucht hatte, sich im Schlamm ein paar dunkle Flecken zuzulegen. Sie hatte sich wirklich Mühe gegeben, um zumindest ein bisschen so auszusehen wie die anderen. Aber als sie an sich hinunterblickte, merkte sie schnell, dass die Mühe umsonst gewesen war. Sie sah eher aus wie ein Wildschwein und nicht wie eine schön gefleckte Kuh. Außerdem wäre die Verkleidung sowieso dahin, sobald der nächste Regen kam. Dann wäre sie genauso weiß wie vorher.

Eines Tages lag Smilla wieder mal allein neben einem Baum. Da sah sie, wie vom Bauern neue Kühe zur Weide getrieben wurden. Neugierig lugte sie hinter dem Stamm hervor. Auch diese Kühe waren gefleckt, aber nicht schwarz-weiß, sondern braun-weiß. Schokokuchenbraun. „Wie schön sie sind", dachte Smilla. „Im Gegensatz zu mir." Sie wandte sich traurig ab, legte ihren Kopf auf den Boden und schloss die Augen.

Irgendwann stupste sie etwas an. Smilla schreckte hoch: Was war das?
„Hallo", sagte da eine unbekannte Stimme. „Wer bist du?"
Smilla war ganz verdutzt. Vor ihr stand eine der neuen Kühe und sah sie freundlich an.

„Ähm, ich ..." Smilla wusste nicht, ob sie schnell weglaufen sollte. Aber das kam ihr doch zu unfreundlich vor. Also versuchte sie es mit der üblichen Taktik: einer kurzen, ausweichenden Antwort.
„Smilla."
„Was für ein schöner Name", sagte die braun-weiße Kuh. „Ich bin Mara. Bist du schon lange hier auf dieser Weide?"
„Ja." Smilla wollte gerade aufstehen und gehen, als Mara einfach weiterredete.
„Ich war vorher bei einem anderen Bauern. Der war ziemlich unfreundlich, und wir mussten die meiste Zeit im Stall stehen. Hier ist es viel schöner. Es ist so viel Platz, es gibt viele Bäume, die Schatten geben, und sogar einen Bach mit frischem Wasser."

„Das stimmt", antwortete Smilla. „Wir dürfen den ganzen Frühling, Sommer und Herbst hier draußen sein. Nur im Winter kommen wir in den Stall. Das finde ich aber gut, weil es da wirklich gemütlich ist. Es gibt ganz viel weiches Stroh und täglich frisches Heu ..."

Mara hörte aufmerksam zu, und Smilla erzählte ihr alles über ihr neues gemeinsames Zuhause.

Die beiden verstanden sich so gut, dass Smilla ihre Traurigkeit ganz vergaß. Fröhlich lief sie mit Mara umher.

Doch dann wollte Mara zu den anderen Kühen gehen. Smilla blieb stehen.

„Was ist?", fragte Mara.

„Geh du ruhig allein", sagte Smilla nur.

„Wieso kommst du nicht mit?", fragte Mara.

„Keine Lust ...", wich Smilla aus.

„Sag schon!", protestierte Mara.

„Ach, ich passe nicht so gut zu den anderen ..."

„Wieso nicht? Was ist mit den anderen?"

„Nichts ... es ist eher was mit mir! Ist dir das denn gar nicht aufgefallen?"

„Was meinst du?", fragte Mara und sah Smilla an.

„Na, ich bin so weiß wie Milch. Ich habe keinen einzigen Fleck. Schau dich doch mal um. Alle anderen Kühe sind wunderschön und gefleckt. Sie sehen eben aus wie richtige Kühe. Und selbst meine Augen sind nicht dunkel, sondern blau." Smilla kamen die Tränen.

„Ja, und?", fragte Mara. „Du bist doch wunderschön! Ich finde, dein Fell ist weiß wie Schnee, und deine Augen glitzern so blau wie das Wasser. Ich würde mir wünschen, so auszusehen. Mich dagegen finde ich echt langweilig ... Was unterscheidet mich schon von allen anderen Kühen?"

So hatte Smilla das noch gar nicht gesehen. Sie hielt einen Moment inne. Hatte Mara vielleicht recht? War es vielleicht gar nicht so schlimm, dass sie anders aussah als die anderen Kühe? War es vielleicht sogar ... etwas Gutes?
„Ich weiß nicht ...", sagte sie zu Mara, die sie aufmunternd ansah und voraus zu den anderen Kühen ging. Zaghaft lief Smilla hinterher und stellte sich ebenfalls zu ihnen.
Die Kühe begrüßten Mara und schauten dann überrascht zu Smilla.
Nach einer Weile sagte eine von ihnen: „Smilla, schön, dass du mal zu uns kommst."
Und eine andere: „Ja, wie geht es dir?"
Diesmal blieb Smilla da und antwortete auf die Fragen. Und plötzlich fühlte sie sich gar nicht mehr schlecht. Im Gegenteil. Ihr ging es richtig gut.

In den nächsten Tagen war sie zum ersten Mal Teil der Herde.
Sie war gern bei den anderen, redete mit ihnen oder graste einfach nur stumm an ihrer Seite.
Am liebsten war sie aber bei Mara.
Durch sie hatte sie gemerkt, dass anders sein gar nichts Schlechtes ist.

Noch einen Gute-Nacht-Kuss

Jubelnd laufe ich davon,
verstecke mich auf dem Balkon.

Hüpfe fröhlich auf einem Bein,
schau mal, das kann ich ganz allein!

Wer will schon schlafen, wenn man spielen kann?
Ich mache Faxen wie ein Hampelmann.

Mama ruft: „Jetzt ab ins Bett!"
Das finde ich so gar nicht nett.

Dann nimmt mich Papa Huckepack:
„Zähne putzen, Pipi machen!", so ein Quatsch.

Endlich fertig, der Schlafanzug wird angezogen
und ein Buch auf den Tisch geschoben.

Die Geschichte ist traurig, mir kommen die Tränen.
Und dann muss ich plötzlich laut gähnen.

Mama und ich singen noch ein Lied.
Dann flüstere ich ihr ins Ohr: „Ich hab dich lieb."

Wir sprechen über den vergangenen Tag
und überlegen, was wohl morgen sein mag.

Jetzt nur noch einen Gute-Nacht-Kuss
– versprochen, dann ist auch wirklich Schluss!